302
9

THÈSE

DE

LICENCE.

38

FACULTÉ DE DROIT DE TOULOUSE.

ACTE PUBLIC

POUR

LA LICENCE

En exécution de l'Article 4, Titre 2, de la Loi du 22 Ventôse an XII

SOUTENU

Par **M. d'ARCIMOLES** (Charles-Joseph-Alexandre-
Fernand.

Né à Rueyres (Lot).

TOULOUSE,

Typographie Troyes **OUVRIERS REUNIS**,
Rue Saint-Pantaléon, 5.

1859.

MEIS ET AMICIS.

Jus Romanum.

***

Pro socio.

Dig. Lib. XVII, Tit. II. — Inst. Just. Lib. III, Tit. XXV.

Societas est contractus de conferendis bonâ fide rebus aut operis, animo lucri quid honestum sit ac licitum in commune faciendi.

Lucrum ad contractus societatis substantiam naturà necesse est; hinc licet quòd in pluribus negociis, ut dignoscatur an societas contracta sit, animus quem partes habuerunt explorandus sit. Et enim, nec bonorum communione ex hereditate, emptione, legatove orta, nec donationis causâ societas contrahitur.

Societates contrahuntur, sive universorum bonorum, sive alicujus negotiationis, sive vectigalis sive etiam unius rei.

Societas universorum bonorum, omnibus contrahitur bonis, præsentibus et futuris, quocumque modo, licito tamen et honesto, adquisitis et adquirendis, tam ex industriâ quam fortuna, tam ex contractibus quam ultimis voluntatibus. Quin etiam, lucrum, sive ob injuriam sibi factam, vel ex lege Aquiliâ, sive ipsius seu filii corpori nocitum sit, socius in societatem conferre debet.

Æs alienum vero cujusque socii amplectitur societas, quandoquidem bona, nonnisi ære alieno deducto intelliguntur. In societate omnium bonorum omnes res quæ coeuntium sunt, sociis continuo communicantur. Intelliguntur contrahentes, quum societatem contraherent, constituisse se possidere communi nomine omnia quæ proprio nomine possidebant. Hoc autem constitutum, est fictæ traditionis species. Verum quidem cùm sine verâ traditione, sive hæc factâ ad naturale duntaxat non etiam ad civile dominium transferendum valeat; Cujacius censebat fingi in hoc contractu societates universorum bonorum intervenisse mancipationes. Ea tamen quæ in nominibus erunt, manent in suo statu; sed actiones sibi invicem socii præstare debent.

Alia erat etiam societas universorum bonorum, quæ ex quæstu veniunt et quæ magnâ quidem Romæ gaudebat auctoritate. Etenim hæc contrahitur societas tunc. Quum simpliciter societas contracta sit, hinc Ulpianus : coïri societatem simpliciter licet ; et si non fuerit distinctum videtur coïta esse bonorum quæ ex quæstu veniunt. Quæstu lucrum intelligitur, quod ex operâ cujusque socii sive ex emptione venditione, sive ex locatione-conductione descendit.

Ita quum quæstûs et compendii societas initur, quidquid ex operis suis socius acquisierit, in medium confert, sibi autem quisque hereditatem acquirit. Æquâ vero compensatione et quòd eumdem sequi debent incommoda quem sequuntur commoda, æs alienum quod ex quæstu tantum pendebit, in rationem societatis veniet.

Societas unius negotiationis ut ex eo nomine intelligitur animo lucri in aliquâ tantum negotiatione faciendi contrahitur.

Ex illâ vero vectigalis penè differt societas, huic tamen proprium est, ut morte unius a sociis non solvatur, sed duret inter superstites. Quin etiam si ab initio ita convenerit, heres defuncti in societatem succedit. Hæc societas quæ tanti fuit momenti, inter publicanos ad vectigalia redimenda coïta fuit.

Quinta societatis species, est certarum rerum vel unius rei ut putà
servi mimi in commune locandi aut hereditatis colendæ viribus so-
ciorum congregatis. In societate quidem unius rei, quemadmodum et
in societate alicujus negotiationis, illud demùm lucrum damnumve con-
ferendum est, quod propter illam rem contingit.

Ad contrahendam societatem, nihil præter consensum contrahentium
requiritur. Hinc licet coïre societatem et re et verbis atque per nuntium.

Societatis contractui plerumque adjicitur lex circa partes quas quisque socius in societatem feret. Si quidem nihil de partibus lucri et
damni nominatìm convenerit, æquales scilicet partes et in lucro et in
damno spectantur. Quòd si expressæ fuerint partes, hæ servari debent
nec enim unquam dubium fuit, quin valeat conventio, si duo inter se
pacti sunt ut ad unum quidem duæ partes et lucri et damni pertineant
ad alium tertia.

Ita vero societas coïri non potest ut alter lucrum tantum alter damnum
sentiret, Leoninamque talem societatem appellare solet. Illud enim a
societatis naturâ penitus abhorret ut, dum animo lucri faciendi contrahitur quis ex sociis damnum non etiam lucrum spectet.

Magna autem fuit quæstio an ita coïri possit societas ut quis majorem
partem lucretur, minorem damni præstet. Sed prævaluit sententia eorum
qui talem societatem licitam esse æstimabant ; quia sæpe quorumdam
ita pretiosa est opera in societate, ut eos justum sit meliore conditione
in illam admitti; nam et ita contrahere societatem licet, ut alter pecu-
niam conferat, alter non conferat, et tamen lucrum tamen inter eas
commune sit; quia sæpe alicujus opera pro pecunia valet. Quin etiam
illud conveniri potest, ut quis lucri partem ferat, damni non teneatur,
quod ita intelligi oportet, ut si in aliquâ re lucrum, in aliquâ damnum
allatum sit, compensatione factâ solum quod superest intelligatur lucri
esse.

Omnes res quæ coeuntium sunt, sociis continuo communes esse jam
vidimus; quia licet specialiter traditio non interveniat, tacita tamen
intervenire creditur. Ea vero quæ socii, quum contraherent societatem,
acquirunt, ea non quidem ipso jure societati quæruntur, sed ea socii

conferre tenentur. Itaque in nominibus sunt, manent in suo statu sed socius socio procuratione in rem suam res communicabitur.

Communi re omnes socii uti possunt , quin etiam eis partem quam in societate habent transferre licet. Sed in rebus communibus ut putà fundo, socius jure quicquam, alteris invitis , facere non potest. *In re enim pari potiorem causam esse prohibentis*

Socius socio utrum eo nomine tantum teneatur pro socio actione, si quid dolo commiserit sicut is, qui deponi apud se passus est, an etiam culpæ, id est desidiæ atque negligentiæ nomine, quæsitum est : prævaluit tamen, etiam culpæ nomine teneri eum. Culpa autem non ad exactissimam diligentiam dirigenda est : sufficit enim talem diligentiam in communibus rebus adhibere socium, qualem suis rebus adhibere solet. Nam, qui parum diligentem socium sibi assumpsit, de se queri debet. Socins tamen qui rem æstimatam accepit, custodiam præstare debet.

Etiamsi non universorum bonarum socii sint, sed unius rei, attamen in id quod facere possunt quodve dolo malo fecerint quominus possint , condemnari oportet ; societas enim jus quodammodo fraternitatis in se habet. Non aliàs tamen socius in id quod facere potest condemnatur, quam si prius se socium fuisse confitetur, aut non fraude mala pecuniâ ad solvendum egeat. Hoc demùm beneficium socio personale erat , ita nec patri , nec domino nec heredi socii , cæterisque successoribus , sed fidejussori tantùm præstabitur.

Actio pro socio, tam sociis inter se , quàm sociis erga societatem, societative erga socios competit. In câ arbitri semper ex æquo et bono judicium est.

Societas solvitur : ex personnis , ex rebus , ex voluntate , ex actione.

I. Ex personis solvitur societas , interitu personarum quæ societatem contraxerint. Intereunt autem homines morte aut maxima media-ve capitis diminutione. Hinc morte unius socii dissolvitur societas, etsi consensu omnium coïta sit, plures vero supersint, nisi in coeundâ societate aliter convenerit ; si tamen, integris omnibus manentibus, alter decesserit ;

deinde tunc sequatur res de quâ societatem coïerunt , siquidem ignota fuerit mors alterius , valeat societas; si nota non valeat. In societate autem vectigalium nihilominùs manet societas et post mortem alicujus socii, sed ita demùm pars defuncti ad personam heredis ejus adscripta sit, ut heredi quoque conferre oporteat.

Solvitur societas capitis diminutione maximâ seu mediâ; nam cùm in locum socii ita minuti alius succedat pro mortuo habetur. Minimâ vero capitis diminutione non diluitur societas ut putà adrogatione; societas enim, ut docet Paulus, quemadmodum ad heredes socii non transit, ita ad adrogatorem , ne alioquin invitus quis socius efficietur cui non vult ipse autem adrogatus socius manet. Si pariter filius-familias emancipatus fuerit permanebit socius.

II. — Solvitur societas ex rebus; quum res quarum societas contracta est, intereunt. Res autem intereunt, quum aut nullæ relinquantur, aut conditionem mutaverint. Ex rebus etiam extinguitur societas, quum socii bona a creditoribus venduntur aut si alicujus rei societas sit, finis negotio imponatur.

III. — Voluntate distrahi societatem ex renuntiatione si ad hoc omnes consentunt, hand dubium est. Quid ergo si unus renuntiet? Ille quidem socios suos a se liberat, se autem ab eis liberare non licet , si modo renuntiatio sua dolo malo facta sit veluti; si quum omnium bonorum societas contrahitur, deinde quùm obvenisset uni hereditas, propter hoc renuntiavit. Ideoque si quidem damnum attulerit hereditas ; hoc ad eum qui renuntiavit , pertinebit ; commodum autem communicare cogitur actione pro socio.

Item qui societatem in tempus coït, si ante tempus renuntiando socium a se non se eo socio liberat ; itaque, si quid compendii postea factum erit, ejus partem non fert; at si dispendium , æquè præstabit portionem ; nisi renuntiatione ex necessitate quàdam facta sit.

IV. — Societas demum actione distrahitur ; ita quum aut stipulatione aut judicio mutata sit causa societatis. Proculum enim docere hoc ipso quòd judicium ideo dictatum est ut societas distrahatur, renuntiatam societatem, sive totorum bonorum sive unius rei coïta sit, Paulus refert.

POSITIONES.

I. — Ad contractûs societatis substantiam requiritur; ut singuli contrahentes, aliquid in commune conferant, et animum lucri faciendi habeant.

II. — Si societatis contractui non adjicitur lex circà partes quas quisque socius societate feret æquas esse constat.

III. — Ita coïri potest societas, ut quis majorem partem lucretur; minorem damni præstet; quin etiam ut nullius partem damni alter sentiat, lucrum vero commune sit.

IV. — Ea quæ socii post contractam societatem acquirunt, non quidem ipso jure societati quæruntur; sed ea socius conferre tenetur.

V. — Beneficium quo gaudet socius, ut in hoc judicio non ultra quod facere potest condemnetur personale est.

Code Napoléon.

Des rentes constituées, des rentes foncières et des rentes viagères.

(1909 à 1914) , 529 ult. al. et 550, (1968 à 1983).

Aperçu de la loi des 18 —29 septembre 1790 sur le rachat des rentes foncières.
(Loi du 3 septembre 1809).

Une rente est , en général, le droit d'exiger des prestations périodiques appelées arrérages, moyennant un capital mobilier ou immobilier , que le créancier s'interdit de répéter.

Rome ne connut pas la rente, et nous devons être loin de nous en étonner. Le prêt à intérêt y jouissait d'une trop grande faveur ; remontant aux premiers jours de sa fondation, successivement réglementé par les lois, les plébiscites, les sénatus-consultes et les constitutions impériales, il avait fini par entrer dans l'économie de sa législation. En effet, du jour où la conquête et les richesses introduisirent dans la Société Romaine le luxe et la corruption, la terre avec ses produits, lents mais assurés, le commerce plus productif, mais aussi moins noble à ses

2

yeux, ne purent plus suffire à ses besoins. La richesse monétaire dut alors tourner ses capitaux vers une autre direction, et le courant qui les entraîna, ne fut autre, on le sait, que le prêt à intérêt. Mais, combien petit fut le nombre de ces contrats qui ne furent pas entachés d'immoralité. Comme le flot envahisseur, l'usure, malgré les constitutions impériales qui cherchèrent à lui opposer une digue, s'avançait toujours, et finit enfin par envahir cette société en décadence.

Tel était l'état du monde, il y aura bientôt deux mille ans, lorsque apparut le christianisme qui vint, au souffle de ses principes régénérateurs, ranimer la vie dans le corps social épuisé. Aux idées d'égoïsme qui avaient tué l'ancienne Rome, la nouvelle fit succéder des idées de charité ; en un mot elle fit des hommes un peuple de frères. On comprend dès-lors qu'avec de tels principes le prêt à intérêt dut être sévèrement prohibé. Aussi voyons-nous les peuples obéissant en sujets dociles à l'autorité de l'église, abandonner des contrats devenus pour eux désormais immoraux.

Hâtons-nous cependant de le dire, tout en portant un coup mortel à l'usure, les lois canoniques et civiles dépassèrent le but qu'elles avaient voulu atteindre. Aveuglés sans doute par les abus qui, à la suite du prêt à intérêt, s'étaient glissés dans la vieille société, les théologiens de cette époque déployèrent une sévérité de laquelle, quelques siècles plus tard, devaient enfin revenir leurs successeurs Pourquoi, en effet, seul, l'argent, cette grande manifestation de la fortune publique, resterait-il infécond et ne produirait-il pas de revenu, comme la propriété, l'industrie et le commerce.

Quoi qu'il en soit, le christianisme repoussa le prêt à intérêt, et cette prohibition gêna singulièrement l'essor des capitaux ; aussi le génie inventif du moyen-âge s'efforça-t-il en créant ou en mettant en pratique d'autres contrats, de tirer l'argent de l'oisiveté stérile où le retenaient de fausses théories économiques.

Parmi les contrats qui vinrent alors remplacer le prêt à intérêt, et qui eurent tous avec ce dernier des traits caractéristiques de ressemblance, le plus important, sans contredit, fut celui de constitution de rente , combinaison propre à donner aux capitaux une fécondité qu'ils n'avaient plus.

Ce qui le fit admettre par l'Eglise et par les peuples, et par suite le rendit d'un usage si fréquent au XIIIe et au XIVe siècle , c'est que , sous bien des rapports , il s'éloigne du prêt à intérêt pour se rapprocher de la vente ; en effet , l'élément principal du contrat de constitution de rente , est l'aliénation définitive , la vente du capital , moyennant des arrérages qui en constituent le prix. Dans le prêt à intérêt , au contraire , nous trouvons bien l'aliénation d'un capital , mais aliénation fictive en quelque sorte , à charge de rendre , et qui n'est qu'une espèce d'usufruit ; enfin dans le prêt , les intérêts ne sont pas comme les arrérages dans la constitution de rente , le prix , l'équivalent du capital , ils n'en représentent au contraire que la jouissance.

Malgré ces points de différence avec le prêt à intérêt, des plaintes s'élevèrent dans le moyen-âge , contre le contrat de constitution de rente ; ainsi, quelques théologiens, sans cesse tourmentés par la crainte de l'usure et qui, comme l'a fort bien dit un de nos anciens jurisconsultes, *« auraient par leurs loys trop rigoureuses sur le fait des profits illicites , quasi aboly le trafic et l'aide qu'un homme peut retirer d'un autre en ses affaires »* ces théologiens , dis-je , voulaient que les rentes constituées fussent assignées sur un fonds frugifère , que le créancier fût censé avoir acheté à juste prix ; au reste, ces entraves tombèrent devant l'usage et l'opinion de la majorité de nos jurisconsultes , plus éclairés en ces matières que les docteurs en théologie. — Plusieurs papes comme Martin V (1420) ; Calixte III (1445) , Benoît XIV , approuvèrent ces contrats et les déclarèrent *juridicos et juxta determinationem doctorum licitos.* Nous voyons aussi François Ier en 1522 , Charles IX en 1562, et à leur exemple , le clergé , les provinces et les particuliers , se servir de la constitution de rente , qui finit ainsi par conquérir l'assentiment universel.

Tel est l'historique de ce contrat dans notre ancienne législation, il n'eut, comme on le voit d'autre but que de remplacer le prêt d'argent usité à Rome, et défendu chez les nations modernes.

Le Code Napoléon , plus dégagé de préjugés que l'ancien Droit, sur la matière de l'intérêt, a dû, à plus forte raison, l'admettre ; mais depuis la réintégration du prêt dans tous ses droits, le contrat de constitution de rente est devenu beaucoup moins fréquent et a cédé en partie la place à un rival justement préféré : moins commode et moins rapide dans les rapports de particulier à particulier, il ne peut supporter que difficilement la comparaison avec le prêt à intérêt.

Ce n'est que dans les emprunts contractés par l'Etat que la rente constituée reprend ses avantages, et offre au crédit des ressources puissantes ; en effet, comme le dit si bien M. Troplong dans ses *Commentaires sur le Droit Civil* : « Nulle valeur n'a plus de solidité que les inscriptions de rente sur le grand livre ; car qui pourrait égaler les sûretés d'un Etat aussi riche que la France, aussi bien administré, aussi profondément pénétré du sentiment de bonne foi qui est l'âme du crédit public ? Et comme la spéculation se porte sans cesse sur la rente, précisément à cause des garanties qu'elle présente ; comme le marché de la Bourse lui imprime un mouvement quotidien qui favorise son essor ou la maintient contre l'entraînement des baisses subites, il n'y a pas de titre de créance qui réunisse au même degré qu'elle l'avantage de la sûreté et celui d'être promptement réalisable. »

Cependant, en admettant le contrat de constitution de rente, le Code Napoléon lui a fait subir quelques modifications ; ainsi l'art. 529 déclare que les rentes perpétuelles et viagères, soit sur l'Etat, soit sur les particuliers, sont meubles par la détermination de la loi ; ainsi la rente foncière qui était un droit réel à des arrérages, un véritable démembrement du droit de propriété, est devenue comme la rente constituée une simple créance d'arrérages. De même aussi les lois des 9-11 août 1789, 18-29 septembre 1790 décidèrent, pour faciliter la circulation des biens, que toutes les rentes foncières perpétuelles seraient rachetables.

Nous citerons aussi la loi du 3 septembre 1809 qui, considérant la rente constituée moyennant l'aliénation d'un capital en argent, comme une espèce de prêt à intérêt, fixe le taux des arrérages, comme celui des intérêts , à cinq pour cent en matière civile et à six pour cent en matière commerciale.

Après être remonté à l'origine du contrat de constitution de rente , après avoir exposé les motifs qui le firent adopter au moyen-âge et en avoir indiqué les principaux éléments, nous allons consacrer trois chapitres aux diverses espèces de rentes. Le premier traitera de la rente constituée , le second de la rente foncière et le troisième de la rente viagère.

Dans chacun de ces chapitres , nous mettrons en présence le Droit ancien et le Droit nouveau , et nous en ferons ressortir les principales différences.

<h2 style="text-align:center">CHAPITRE PREMIER.</h2>

<h3 style="text-align:center">De la rente constituée.</h3>

La rente constituée est une créance de prestations périodiques en argent ou en denrées, acquise moyennant l'aliénation d'un capital mobilier , avec faculté pour le débiteur de se libérer de l'obligation de payer les arrérages, en restituant un capital représentatif de celui qu'il avait reçu en échange de son obligation.

Sous l'empire de l'ancien Droit , comme sous celui du nouveau , la nature de la rente constituée, on le sait, a toujours été à peu près la même : la différence consiste plutôt dans le point de vue sous lequel l'ont envisagée les deux législations.

Sous la première , on ne pouvait pas, avons-nous dit , prêter son argent à intérêt ; mais il était permis de l'aliéner : le bénéfice qu'on en retirait était immoral ou légitime , défendu ou permis, suivant que le capital était prêté pour un temps limité ou prêté à perpétuité. Il m'était défendu, c'était une immoralité, de vous prêter cent mille francs à raison de mille francs d'intérêt par an; mais je pouvais parfaitement, en vous abandonnant vingt mille francs en toute propriété pour toujours, stipuler qu'en échange de ce capital que je vous aliénais, vous ou vos héritiers , paieriez à moi ou à mes héritiers , chaque année , mille francs d'arrérages.

On s'efforça ainsi de rattacher la rente constituée à la vente. La rente fut considérée comme un être métaphysique , que le crédit-rentier achète moyennant un prix qu'il paie au vendeur ; ce dernier devient propriétaire incommutable du capital versé , il n'est jamais tenu de le rendre , de même que celui qui vend un fonds de terre devient à jamais propriétaire du prix. Il en résulte qu'il y a dans ce contrat, à la grande différence du prêt , une aliénation perpétuelle du capital, ce qui faisait dire à Dumoulin : *Talis reditus non est usura sed merx et vera res empta.* Telle est au reste l'idée que tous les jurisconsultes nous donnent de la rente constituée.

Le Cod. Nap. a suivi une marche opposée : l'article 1909 place la rente constituée dans la catégorie du prêt , et l'art. 1912 appelle le crédit-rentier un prêteur. Il y a , en effet, de grandes analogies entre ces deux contrats : tous deux ont pour but de rendre l'argent frugifère , et l'on y voit l'une des parties donner de l'argent pour en tirer un revenu ; enfin tous deux se ressemblent , en ce que les intérêts ne cessent que par le remboursement du capital ; là où ils diffèrent , c'est que dans le prêt , ce remboursement est *in obligatione* , tandis que dans la constitution de rente, il n'est qu'*in facultate.* Le Code a donc pu, s'attachant à ces points de ressemblance , et dégagé de vieux préjugés, assimilé deux combinaisons, qu'on ne s'appliquait autrefois à distinguer avec autant de soin , que parce que la crainte de l'usure défendait de les confondre.

Quoi qu'il en soit, qu'elle se rapproche de la vente sous l'ancienne législation, ou qu'elle se rapproche du prêt à intérêt sous la nouvelle , la rente constituée n'a subi que de légères modifications ; nous allons en donner un léger aperçu.

Du rachat de la rente. — Dans l'ancien Droit Français , contrairement à l'usage suivi en Allemagne, les rentes constituées n'étaient pas rachetables ; mais, par sa bulle de 1570, Pie V ordonna qu'à l'avenir les rentes constituées pourraient toujours être rachetées. L'ancien Droit, du reste , changea en France, à la réformation des coutumes. Loysel fit de la faculté perpétuelle du rachat des rentes, une des règles de ses *institutes coutumiers;* elle était d'ordre public. On appela alors ce Droit de rachat, Droit de *franchissement*, vocabulaire qui est usité encore aujourd'hui en Normandie et en Bretagne.

La rente constituée était donc essentiellement rachetable, essentiellement, c'est-à-dire que le débiteur des arrérages pouvait, nonobstant toute stipulation contraire, se libérer à toute époque de l'obligation de les payer, en remboursant le capital.

Le Cod. Nap. lui aussi a reproduit le même principe, en déclarant la rente essentiellement rachetable. Mais tout en donnant sa protection au débiteur, il n'a pas montré la même sévérité que l'ancien Droit credit à l'égard du rentier. En effet, en promettant au débiteur de la rente de se libérer à son gré, quelques jours peut-être après le contrat, ne met-on pas le créancier dans la nécessité de garder ses capitaux improductifs, faute d'un placement utile, qu'il n'aura évidemment pu songer à se procurer ! Aussi dans sa sage prévoyance à sauvegarder tous les intérêts, la loi permet-elle de stipuler que la rente ne sera pas rachetable pendant un certain temps qui ne peut excéder dix ans. De plus l'art. 190 où se trouve écrite cette innovation, veut que le rachat ne puisse se faire, sans que le débiteur ait averti son créancier, au terme d'avance que les parties auront déterminé.

Relativement au rachat de la rente, il existe une autre différence entre l'ancien Droit et le nouveau : Ainsi, stipulait-on autrefois, dans un contrat de constitution de rente, que le débiteur ne pourrait se libérer avant un certain temps, le contrat était radicalement nul : mais que l'on stipule aujourd'hui que le rachat ne pourra se faire, avant vingt ans par exemple, le contrat est valable : seul, le terme stipulé est réduit au terme légal.

Résolution de la rente. — Un des caractères essentiels, avons-nous dit, du contrat de constitution de rente, caractère qui est le même sous les deux législations, est la prohibition imposée au crédit rentier, d'exiger le remboursement de son capital ; mais cette prohibition est-elle générale , c'est-à-dire a-t-elle lieu dans n'importe quelle circonstance ? La réponse à cette question se trouve écrite dans les articles 1912 , 1913 du Code.

Article 1912. Le débiteur d'une rente constituée en perpétuel, peut être contraint au rachat : 1o s'il cesse de remplir ses obligations pendant deux années ; 2o s'il manque de fournir au prêteur les sûretés promises par le contrat.

Article 1913. Le capital de la rente constituée en perpétuel devient aussi exigible en cas de faillite ou de déconfiture du débiteur.

Ces exceptions au principe que nous avons énoncées plus haut , sont donc au nombre de trois ; nous allons en donner un léger développement.

Si le débiteur de la rente , cesse de remplir ses obligations pendant deux ans , il peut être contraint au rachat.

Ces termes sont, certes, assez clairs ; ils expriment suffisamment la pensée de la loi. Cependant on a trouvé moyen de faire de cette disposition un sujet de difficultés, et on a prétendu que ce n'était pas deux années, mais bien trois qui devaient être écoulées sans paiement, pour que le débiteur tombât en commise.

Par son arrêt du 26 juillet 1820, arrêt qui , du reste, a été cassé, la Cour de Caen , adoptant cette opinion , formula ainsi son raisonnement : Pour que le débiteur tombe en commise, il faut , dit-elle, que trois années se soient écoulées sans paiement. En effet, que veut l'art. 1912? Il veut que le débiteur ait cessé de remplir ses obligations pendant deux ans. Mais quand commencera à courir ce délai ? Ce n'est pas évidemment à partir du contrat de constitution de rente, puisque l'obligation de payer les arrérages n'est pas encore échue. Ce ne sera donc qu'à partir de la première année. Or, ce ne sera réellement ainsi qu'à la fin de la troisième année que le débiteur tombera sous le coup de la commise édictée par l'art. 1912.

Ce raisonnement paraît , au premier abord, assez spécieux ; cependant il est facile d'en démontrer la fausseté. En effet, en quoi consiste l'obligation du débiteur? Dans celle, me direz-vous, de payer les arrérages pendant deux années. Or, pourquoi ceux de la première ne compteraient-ils pas ? Ne sont-ils pas aussi bien dus que ceux de la seconde ? Qui oserait nier, d'ailleurs, qu'au premier jour de la troisième année le créancier n'a pas droit et n'est pas en état de recevoir les deux arrérages précédents ? Dès-lors il n'en faut pas davantage pour qu'il y ait contumace du débiteur, et le droit de demander le remboursement peut se mettre en action.

On a aussi soulevé la question de savoir si les deux années de retard qui constituent la commise du débiteur devaient être consécutives. Nous nous contenterons de signaler cette question ; nous n'en voyons pas assez l'utilité pratique pour nous y arrêter. Quel est, en effet, le créancier qui consentirait à recevoir les arrérages de 1859 quand ceux de 1858 lui sont encore dus ?

M. Duranton a beau prétendre que l'imputation dépendant du débiteur, il a le droit de choisir l'année sur laquelle il veut faire porter le paiement des arrérages : nous préférons l'opinion de Dumoulin, Pothier, etc., qui enseignent que le créancier ne saurait être tenu de recevoir les dernières années avant les précédentes.

L'ancien Droit ne connut pas la commise de l'art. 1912. Pour laisser à la vente constituée moins de ressemblance avec le prêt, les lois canoniques et civiles n'avaient pas admis cette clause de résolution. Mais, malgré l'ordonnance de 1629, art. 149, qui avait cherché à en abolir l'usage dans le ressort de certains Parlements, ordonnance qui échoua à Toulouse et en Bretagne, la coutume était dans toute la France d'insérer dans les contrats de constitution de rente la clause : que, faute par le débiteur de servir les arrérages pendant deux ou trois ans, le créancier pourrait exiger le remboursement du capital.

Enfin, la jurisprudence de la Cour de Cassation, avec l'assentiment de Merlin, Toullier, Delvincourt, est que la commise de l'art. 1912 s'applique aussi bien aux rentes constituées avant le Code qu'à celles qui l'ont été après, par la raison que l'exécution des contrats se règle par la loi vivante à l'époque où l'exécution est réclamée ; or, il s'agit ici d'une résolution naissant de faits d'exécution postérieurs au contrat et qualifiés par la loi nouvelle.

3

Pour terminer cette théorie sur la première résolution de l'art. 1912, nous allons examiner si cette résolution a lieu de plein droit par le fait seul de défaut de paiement des arrérages, ou si elle est fondée sur l'article 1184. Une distinction est ici nécessaire. Si la rente est portable, la Cour de Cassation, se fondant sur les termes de l'art. 1912 , « peut être contraint au rachat s'il cesse, » a décidé que par la force de ces expressions le débiteur est obligé au remboursement, comme si la clause était écrite dans le contrat, et que par suite le titre est exécutoire par toutes les voies de droit. Il est donc jugé que les art. 1912, 1913 dérogent au principe général posé par l'art. 1184, et se rallient au système édicté par les art. 1183, 1139 pour les clauses résolutoires écrites. Cette doctrine est d'ailleurs adoptée par la majorité des auteurs, Merlin, Toullier, etc., et confirmée par les arrêts.

Si la rente est quérable, c'est-à-dire si elle est payable au domicile du débiteur, le créancier est tenu de faire constater son refus de payer par une sommation faite par un huissier porteur des pièces, afin de recevoir et de donner quittance. On comprend la nécessité de ce tempérament ; un fait du créancier est nécessaire pour que le paiement s'effectue ; lors donc, qu'il vient se plaindre de n'avoir pas été payé, il est juste qu'il démontre que ce n'est pas par sa négligence à se présenter au lieu du paiement, que le débiteur ne s'est pas libéré; la formalité de la sommation une fois dûment remplie , nous appliquons à la résolution de la rente quérable le caractère de la résolution de la rente portable.

La seconde cause de résolution prévue par l'art. 1912, se rencontre quand le débiteur manque de fournir au prêteur les sûretés promises par le contrat. Mais, qu'il manque à sa promesse ou qu'il détruise plus tard les sûretés qu'il a apportées, peu importe ; dans les deux cas, la résolution de l'art. 1912 (2me alinéa) lui est applicable. Ainsi, aura-t-elle lieu, soit que le débiteur de la rente refuse de consentir l'hypothèque qu'il a promise , soit qu'il dégrade les immeubles et les maisons hypothéquées à sa dette, ou qu'il se laisse exproprier. On doit cependant distinguer avec soin si c'est par sa faute ou par une cause indépendante de sa volonté, que le débiteur n'a pas fourni les sûretés promises. En effet, dans le premier cas, les manquements du débiteur donnent au créancier un droit de résolution dont les événements ultérieurs ne peuvent le priver, tandis que dans le second, le juge peut, si le débiteur est, sans sa faute, dans l'impossibilité de remplir son obligation, l'admettre à la remplir par équivalent. Enfin, la diminution des sûretés et hypothèques par cas fortuit et force majeure n'est pas une cause de résolution.

La faillite et la déconfiture constituent la troisième résolution de la rente constituée. Le seul fait de ce désastre rend le capital exigible. Dure nécessité pour un malheureux qui n'est peut-être tombé au-dessous de ses affaires, que par des malheurs dont il est innocent ; mais l'intérêt général, qui doit toujours passer avant l'intérêt privé, ne laisse place dans de parcilles crises à aucun délai de grâce.

CHAPITRE II.

Des rentes foncières.

Sous l'ancienne législation, la rente foncière était un démembrement du droit de propriété retenu sur un immeuble qu'on aliénait, en vertu duquel l'aliénateur pouvait exiger à perpétuité, c'est-à-dire pour lui et les siens, des prestations périodiques, soit de l'acquéreur, soit de tout tiers détenteur de l'immeuble.

Le bail à rente était le contrat qui intervenait entre les parties ; la rente foncière, le droit d'exiger les arrérages.

La rente foncière n'était donc pas, comme la rente constituée, une simple créance d'arrérage, c'était un droit réel, un véritable démembrement du droit de propriété, et ce droit, à l'exemple de l'hypothèque dont il avait le caractère d'indivisibilité, suivait l'immeuble aliéné dans quelques mains qu'il passât, et permettait au créancier des arrérages d'en demander le paiement au tiers détenteur en totalité ou en partie de l'immeuble.

Dans la rente constituée, le débiteur était obligé personnellement, il répondait sur tous ses biens de l'exécution de son obligation. Dans la rente foncière, telle n'était pas son obligation. Le débiteur n'était obligé qu'à cause de la chose, *propter rem ;* c'était l'immeuble, en quelque sorte, qui était le véritable débiteur. Ainsi, celui avec qui l'aliénateur avait directement contracté, pouvait, comme un tiers détenteur, se soustraire à l'obligation de payer les arrérages en déguerpissant, c'est-à-dire en délaissant l'immeuble.

Le créancier pouvait, au reste, enlever à l'acquéreur cette faculté de déguerpir, en lui faisant souscrire dans le bail l'obligation de fournir et de faire valoir la rente; clause qui était devenue de style et qu'on retrouve dans presque tous les baux à rente.

Dans l'ancien Droit, la rente constituée, avons-nous dit, était essentiellement rachetable; il n'en était pas de même de la rente foncière. En effet, le droit du crédit rentier foncier était un droit réel, un véritable démembrement du droit de propriété ; l'en dépouiller malgré lui, aurait été une véritable expropriation. Cette règle ne souffrait que deux exceptions : 1° Lorsque cette faculté avait été stipulée dans le contrat; 2° indépendamment de cette clause, quand l'immeuble était une maison sise à la ville.

Les causes de résolution n'étaient pas tout-à-fait les mêmes dans la rente foncière que dans la rente constituée. Ainsi, la commise faute de paiement de deux années d'arrérage, de l'art. 1912, ne lui était pas applicable. En effet, le crédit rentier foncier se trouve suffisamment protégé par le droit commun en matière de vente, et n'a pas besoin de plus amples garanties. Le créancier peut bien invoquer, il est vrai, la seconde résolution de l'art. 1912; mais ce n'est pas en vertu de cet article qu'il agira, ce sera plutôt sous l'autorité des articles 1653 et suivants, qui gouvernent la résolution de la vente quand le débiteur n'a pas payé le prix.

Telle était autrefois la rente foncière. L'ancien Droit lui avait donné une nature et des caractères essentiellement distincts de ceux de la rente constituée; le nouveau, au contraire, lui a enlevé ses principaux traits de différence pour la rapprocher de la première, dans laquelle il l'a presque confondue.

En effet, la loi du 18-29 septembre 1790 déclara les rentes foncières perpétuelles rachetables ; celle du 2 brumaire an VII, art. 7, leur enleva la possibilité de servir de siége à l'hypothèque, et enfin, l'art. 529 du Code les a rangées dans la classe des meubles.

Faut-il en conclure, dès-lors, avec certains jurisconsultes, qu'il n'y a plus que des rentes constituées ? Non. Ce serait aller trop loin , ce ne serait pas tenir compte des différences qui ont survécu aux révolutions qui ont affecté les rentes foncières ; ce serait , enfin, outrer les conséquences de la conversion de la propriété en une simple créance du *dominium* en *obligatio*. Le droit réel de la rente à des arrérages , peut bien s'être métamorphosé en une simple créance comme celui de la rente constituée, sans que les arrérages , comme l'a solidement démontré M. Proudhon , aient cessé d'être une charge annuelle de la jouissance du fonds grevé. D'ailleurs, tout en rapprochant les rentes constituées moyennant, soit l'aliénation d'un capital mobilier, soit l'aliénation d'un immeuble, le Code a conservé entre elles de nombreuses différences.

En métamorphosant ainsi la rente foncière , le législateur a voulu faciliter la circulation des biens et écarter les idées de féodalité et de vassalité que faisait naître ce droit réel , en vertu duquel l'aliénation de l'immeuble pouvait exiger de tout possesseur une redevance annuelle.

La nouvelle loi n'a pas cependant atteint le but qu'elle s'était proposé. En effet la rente foncière est un contrat synallagmatique, et à ce titre le crédit rentier, qui ne reçoit pas les arrérages , moyennant lesquels il a aliéné l'immeuble, a droit à une action en résolution , action réelle et opposable aux tiers comme à l'acquéreur primitif. Il ne pourrait pas l'intenter directement il est vrai, contre les tiers détenteurs, mais c'est plutôt une différence dans la forme de la procédure que dans le résultat ; car une fois l'aliénation résolue contre l'acquéreur primitif, il procédera à l'action en revendication. Il pourra du reste appeler en cause dans le procès en résolution, et l'acquéreur et le tiers détenteur , pour qu'il soit prononcé en même temps sur la demande en résolution, et sur celle en revendication. Pour atteindre sûrement son but, la loi aurait dû faire de l'action en résolution, une simple action personnelle non opposable aux tiers.

Du rachat de la rente foncière (loi du 18-29 septembre 1790.)

Les anciens jurisconsultes ayant fait de la rente foncière un droit réel, un démembrement du droit de propriété, ne pouvaient pas autoriser le rachat de cette rente, comme celui de la rente constituée ; un tel rachat aurait été, avons-nous dit, une véritable expropriation.

Les nouveaux législateurs, au contraire, faisant de la rente foncière une simple créance d'arrérages, et la plaçant dans la classe des meubles, ont pu lui appliquer la faculté de rachat.

Aussi voyons-nous les lois des 9-11 août 1789 et 1829, septembre 1790, et après elles, l'art. 530 du Code, déclarer que toutes les rentes foncières perpétuelles seront désormais rachetables.

Tout en étendant à la rente foncière la faculté de rachat de la rente constituée, nous allons voir que cette faculté n'est pas exactement la même dans les deux contrats.

Tandis que les rentes constituées sont essentiellement rachetables, seules les rentes foncières perpétuelles le sont; les rentes foncières temporaires ne le sont pas.

La rente foncière est perpétuelle quand elle est établie pour plus de 90 ans, ou en faveur de plus de trois têtes, c'est-à-dire en faveur du constituant de ses enfants, de ses petits et arrière-petits-enfants.

La rente foncière temporaire est donc celle qui est établie pour moins de 90 ans ou pour trois têtes seulement.

Enfin, de même que dans la rente constituée, les nouveaux législateurs ont permis au crédit-rentier de stipuler que la rente ne pourra être rachetée pendant un certain temps, de même ils ont permis au créancier de la rente foncière une pareille stipulation; la seule différence se trouve dans le délai, qui ne peut dépasser dix ans dans la première, tandis qu'il peut aller jusqu'à trente ans dans la seconde. (Loi du 3 septembre 1809).

Dans l'ancien Droit français, le taux auquel les rentes pouvaient être créées, et par conséquent rachetées, avait subi de nombreuses variations. Aux douzième, treizième et quatorzième siècles, le taux était le denier 10, c'est-à-dire, que pour dix francs, on se faisait constituer une rente de un franc.

Depuis cette époque, l'intérêt fut toujours en baissant ; ainsi descendit-il successivement sous Charles IV au denier 12 , sous Henri IV au denier 16, sous Louis XIII au denier 18 , et enfin sous Louis XIV au denier 20. En 1720 et 1724 on essaya bien de l'abaisser d'abord au denier 50, puis au denier 30, mais ce fut sans succès , et un édit de juin 1725 le ramena au denier 20, qui devait rester le taux légitime.

En effet, la loi du 7 septembre 1809, ayant déclaré que la rente constituée moyennant l'aliénation d'un capital en argent, n'était qu'une espèce de prêt à intérêt, a décidé qu'en conséquence le taux des arrérages , comme celui des intérêts, ne pouvait pas excéder 5 pour 100 en matière civile, et 6 pour 100 en matière commerciale.

On aurait tort de croire cependant que le rachat est le même dans les deux rentes, il existe au contraire entr'elles, sous ce rapport, une différence remarquable.

Ainsi dans la rente constituée , le créancier ne peut pas régler les conditions du rachat, il ne peut pas stipuler qu'il se fera au-dessus du taux légal. Si donc vous me cédez un capital moyennant cinq mille francs d'arrérage, vous ne pouvez pas stipuler que pour me libérer de mon obligation de payer les arrérages, je devrais vous rendre un capital de cent vingt mille francs.

Le rachat ne peut se faire que sur le pied du taux légal, toute clause portant le contraire serait nulle comme usuraire. Dans la rente foncière il n'en est pas de même. Dans le silence des parties , il est vrai, le rachat se fait bien sur le pied du taux légal, mais on peut stipuler que le débiteur qui voudra se libérer de l'obligation de payer les arrérages, devra restituer tel ou tel capital, dont les parties conviennent. La raison en est que dans la rente foncière le capital représente le prix d'un immeuble et que la loi ne défend pas de le vendre au plus haut prix possible. Il en résulte aussi que l'aliénation de l'immeuble moyennant des arrérages, étant assimilée au vendeur ordinaire d'un immeuble, peut demander la résolution du contrat, si le montant des arrérages de chaque année étant multiplié par 20, il en résulte un prix inférieur aux sept douzièmes de la valeur réelle de l'immeuble aliéné. Nous devons ajouter que si le capital stipulé était par trop exagéré, la stipulation serait nulle, car le crédit rentier n'aurait eu d'autre but que d'empêcher le rachat de la rente qui est d'ordre public.

Le moyen de fixer le capital à défaut de stipulation, est bien simple. D'après la supposition que la rente a été constituée à cinq pour cent, on multiplie les arrérages par 20 et le résultat donne le capital à restituer.

Mais si les arrérages consistent en denrées, grains ou animaux, ils doivent être évalués en argent; à cet effet, vu les nombreuses variations de ces valeurs, on examine quel a été pendant quatorze années le prix de ces denrées, grains, animaux ; on retranche les deux années où le prix a été le plus élevé, et les deux années où il a été le plus bas; les prix des dix autres années sont additionnés; le total étant ensuite divisé par 10, le quotient donne l'année moyenne. Le rachat se fait alors sur le pied de quatre pour cent. On multiplie par 25 le revenu de l'année moyenne, et le résultat donne le capital à restituer.

CHAPITRE III.

De la rente viagère.

La rente viagère est le droit d'exiger pendant un certain temps, ordinairement la vie du créancier, les intérêts d'un capital qui n'est ni exigible de la part du créancier, ni remboursable par le débiteur. C'est une créance d'arrérages payables pendant la vie d'une ou plusieurs personnes déterminées, le plus souvent pendant la vie du créancier.

Le contrat de rente viagère fut entièrement inconnu aux Romains, nous dit M. Troplong. Ce peuple, trop superstitieux, voyait de tristes augures dans les conventions qui faisaient reposer quelques espérances sur la mort de l'homme, et il les bannissait comme impies, inhumaines et propres à exciter au crime.

Les nations modernes au contraire ont su se mettre au-dessus de ce préjugé, et de même qu'elles avaient adopté les assurances sur la vie, de même elles établirent les rentes viagères. L'origine de ce contrat est très ancienne dans l'histoire du Droit français ; on en trouve les premiers vestiges dans la législation des précaires qui jouèrent un si grand rôle pendant la première et la seconde race. On s'adressait, nous dit Maruilfe, à une église ou à un monastère qui, moyennant un fonds de terre ou un capital en argent, donnait des usufruits ou des rentes à vie d'un produit supérieur au capital reçu, afin de compenser la perte à laquelle se soumettait, pour l'époque de son décès, le possesseur précaire.

La rente viagère est, comme les rentes perpétuelles, rangée dans la classe des droits mobiliers. Comme elles, elle constitue un être moral, un droit principal produisant des fruits civils ; aussi l'usufruitier d'une rente viagère garde-t-il, à l'extinction de son usufruit, les arrérages perçus, et n'est-il tenu de rendre que le droit de percevoir les arrérages à échoir.

Une rente viagère peut être constituée à titre onéreux et à titre gratuit.

La rente viagère à titre gratuit s'éloignant par sa nature du prêt comme de la rente en général, dont le caractère est essentiellement onéreux, nous n'en parlerons pas. Nous dirons seulement que, comme toute libéralité, soit qu'elle ait été constituée par testament ou par donation, elle est nulle pour défaut de capacité, révocable pour cause de survenance d'enfants, d'ingratitude et d'inexécution des conditions, rapportable quand elle est faite à un successible, réductible enfin quand elle dépasse la quotité disponible.

Une créance viagère peut être acquise à titre onéreux moyennant l'aliénation d'un capital en argent, d'un meuble ou d'un immeuble.

La constitution d'une rente viagère est ordinairement un contrat consensuel ; car dans notre Droit la tradition n'est plus nécessaire pour transférer la propriété ; elle peut être cependant un contrat réel ; ainsi lorsqu'elle est constituée moyennant un meuble ou un immeuble *in genere*, comme tant de mesures de blé ou tant d'hectares de terre, en Afrique, par exemple ; ici en effet la tradition est nécessaire pour transférer à celui qui promet les arrérages, la propriété du capital promis en échange.

A cause du caractère aléatoire du contrat de rente viagère, on peut stipuler que les arrérages seront payés avant la tradition du capital, stipulation qui serait usuraire dans les rentes perpétuelles stipulées moyennant la promesse d'une somme d'argent.

La rente viagère est essentiellement aléatoire. En effet, si la personne dont la vie sert de terme à la rente meurt peu de temps après sa constitution, le gain sera pour le débiteur, qui n'aura payé en arrérages qu'une valeur bien inférieure au capital qu'il a reçu et qu'il conserve ; si elle vit longtemps, le gain sera pour le créancier qui aura reçu en arrérages une somme supérieure au capital qu'il a donné et aux intérêts légaux qu'il en eût retirés au moyen d'un prêt ordinaire.

Du caractère aléatoire de la rente viagère découlent plusieurs conséquences. Ainsi : 1º la partie qui aliène son capital peut stipuler des arrérages supérieurs au taux légal, à condition toutefois que l'aléa soit sérieux, car ce serait autrement une donation déguisée ;

2º L'aliénation d'un immeuble moyennant une rente viagère n'est pas rescindable pour cause de lésion de plus des sept douzièmes, on ne peut en effet estimer de simples chances.

3º La constitution de la rente viagère est nulle pour défaut de cause quand elle a été constituée sur la tête d'une personne décédée, c'est-à-dire quand on a pris pour terme la vie d'une personne qui n'existe plus. Il suffit même que la personne soit morte dans les vingt jours de la date du contrat, de la maladie dont elle était alors attaquée.

4º Enfin, le constituant ne peut faire résoudre le contrat pour cause du défaut de paiement des arrérages. La loi lui permet cependant de faire saisir les biens de son débiteur jusqu'à concurrence d'une somme suffisante pour produire des intérêts égaux aux arrérages. Dans le cas où les biens seraient insuffisants, l'art. 1977 autorise le créancier des arrérages à demander la résolution du contrat, résolution qui sera prononcée seulement pour l'avenir. Ce ne sera pas aussi le capital aliéné, mais un capital calculé sur la durée probable de la rente que recevra le créancier.

5º Le débiteur ne peut pas se décharger de l'obligation de payer les arrérages en offrant de restituer le capital qu'il a reçu et de renoncer à répéter les arrérages déjà payés. On conçoit en effet qu'ayant été exposé au bénéfice des bonnes chances, il doit aussi supporter les mauvaises.

Dans notre définition de la rente viagère, nous avons dit qu'elle était constituée sur la tête d'une ou plusieurs personnes déterminées, mais le plus souvent cependant sur celle du créancier.

Une rente viagère, on le voit, peut être parfaitement établie sur la tête d'une personne, sans que pour cela elle soit créancière des arrérages. Ce qu'on a voulu exprimer, c'est que la vie de cette personne sert de terme à la rente. (Code Nap. 1971, 1972.

Pour empêcher un débiteur de détenir le gage de ses créanciers en se faisant constituer en échange une rente viagère, la loi n'a pas voulu la déclarer insaisissable. Seule, la rente viagère, constituée à titre gratuit, peut revêtir ce caractère. On conçoit, en effet, que le législateur n'ait plus ici les mêmes craintes ; car le donateur qui n'est pas obligé de donner, ne fait aucun tort aux créanciers, en mettant cette condition à sa donation. (1981).

Nous avons dit plus haut que le créancier pouvait demander la résolution de la rente, en s'appuyant sur l'art. 1987, alors que les biens sont insuffisants pour donner des intérêts égaux aux arrérages. Ce droit lui appartient aussi si le débiteur ne fournit pas toutes les sûretés promises. (1777). Dans l'un comme dans l'autre cas, le créancier garde les arrérages perçus, fussent-ils supérieurs au terme légal ; car ils sont une compensation de la chance qu'il a courue de perdre le capital. Enfin cette résolution n'a pas lieu de plein droit par le seul fait du débiteur de ne pas fournir les sûretés promises ; les juges peuvent accorder un délai pour les réaliser.

Quant aux arrérages, étant des fruits civils, ils s'acquièrent jour par jour. Dans le cas cependant où il aurait été convenu qu'ils seront payés d'avance, le terme dans lequel on sera entré quand la rente s'éteint, appartiendra au créancier. (1980).

La rente viagère s'éteint par la mort de la personne ou des personnes sur la tête desquelles elle était constituée. Aussi le créancier ne peut-il réclamer les arrérages qu'en justifiant que la personne dont la vie sert de terme à la rente existait au moment de son échéance.

Plusieurs différences importantes existent, on le voit, entre les rentes perpétuelles et les rentes viagères. Nous allons en terminant en résumer les principales.

Les rentes perpétuelles sont héréditaires activement et passivement.

La rente viagère, au contraire, s'éteint par la mort de la personne sur la tête de laquelle elle a été constituée.

Les rentes perpétuelles sont rachetables, la rente viage ne l'est pas.

Les rentes perpétuelles constituées moyennant l'aliénation d'un capital mobilier ne peuvent l'être qu'au taux légal : la rente viagère peut l'être au taux que fixent les parties.

Les rentes perpétuelles enfin peuvent être résolues si le débiteur ne paie pas les arrérages, la rente viagère n'a pas cette cause de résolution.

QUESTIONS.

I. Motif de rapprochement de la rente constituée avec la rente sous l'ancien Droit, et avec le prêt à intérêt sous le nouveau.

II. La stipulation que la rente constituée ne sera pas rachetable pendant un certain temps était-elle valable sous l'ancien Droit? — Non.

III. Les deux ans après lesquels le crédit-rentier peut exiger le remboursement du capital de la rente, par suite du défaut de paiement des arrérages, courent-ils à partir du jour du contrat de constitution de rente? — Oui.

IV. La résolution de la rente constituée a-t-elle lieu de plein droit par le fait seul du défaut de paiement des arrérages? — Oui.

V. En abrogeant les rentes foncières, le Code a-t-il défendu d'aliéner un immeuble moyennant un droit à des arrérages? Non.

VI. La résolution de la rente viagère par suite du défaut du débiteur de fournir les sûretés promises, a-t-elle lieu de plein droit, comme celle de la rente constituée? — Non.

Droit Commercial.

Des assurances. — Des franchises.

L'assurance maritime est une convention par laquelle l'un des contractants , l'assureur, s'oblige envers l'autre , l'assuré, à réparer les pertes ou les dommages qu'éprouveront sur mer des choses exposées au danger de la navigation.

Trois éléments principaux concourent à la formation du contrat d'assurance, ce sont : 1o un objet que l'un des contractants ait la crainte de perdre en tout ou en partie par l'effet d'accidents qui pourraient arriver sur mer ; 2o des risques auxquels cet objet soit réellement exposé ; 3o un équivalent ou prime que l'assuré donne à l'assureur pour prix de ses risques.

Le contrat d'assurance a , on le voit , des caractères propres qui ne permettent pas de le confondre avec la vente, le louage, le mandat ou toute autre convention. En effet, il est synallagmatique , puisque deux ou plusieurs personnes s'engagent réciproquement les unes envers les autres ; conditionnel, car il s'évanouit, si avant le commencement des risques, le voyage est rompu même par le fait de l'assuré ; aléatoire, enfin, puisque le prix que l'un des contractants reçoit, n'est pas le prix d'une chose qu'il donne , mais le prix des risques dont il se charge.

Le contrat d'assurance crée, avons-nous dit, des obligations réciproques pour chaque contractant. Les obligations de l'assureur dont nous nous occuperons uniquement, consistent à courir les chances de la perte ou des avaries des choses assurées ; pour tout ce qui n'est pas formellement excepté, il se met au lieu et place de l'assuré, et s'oblige à supporter et à réparer tout le dommage qui sera occasionné par des fortunes de mer.

Tout en réglant les obligations en général de l'assureur, la loi lui permet cependant de leur faire subir par des clauses expresses de nombreuses modifications. Ainsi, il peut restreindre, soit dans leurs effets, soit aussi dans leur durée les garanties qu'il prend à sa charge. Ces clauses étant abandonnées à la libre volonté des parties, doivent être exécutées dans la rigueur de leurs expressions, et toute interprétation arbitraire doit être écartée avec d'autant plus de soin qu'il s'agit d'un contrat aléatoire, où la plus légère modification pourrait changer la cause qui aurait déterminé la volonté des parties contractantes.

Ce sont les modifications accidentelles qui peuvent être dans certains cas apportées aux obligations ordinaires de l'assureur, que nous allons traiter.

Les risques peuvent être diminués en faveur de l'assureur, soit par des conventions particulières, soit par une clause générale appelée clause franc d'avaries.

La clause franc d'avaries affranchit les assureurs de toutes avaries, soit communes, soit particulières, excepté dans les cas qui donnent ouverture au délaissement, et, dans ce cas, les assurés ont l'option entre le délaissement et l'exercice de l'action d'avarie (Cod. Com., 409).

Cette clause a trouvé pendant quelque temps de vives oppositions. Ainsi, certains jurisconsultes voulaient qu'elle ne déchargeât les assurés que des avaries modiques et non des avaries extraordinaires, ni du jet effectué pour éviter le naufrage. Valin prétendait qu'on n'aurait pas dû l'étendre aux voyages de longs cours et à des marchandises moins susceptibles d'avaries que les vivres et effets comestibles. Elle pourrait, disait-il, engager un capitaine à ne point s'embarrasser de retirer son navire de l'échouement pour l'empêcher de faire naufrage, dès qu'il lui est possible de se sauver avec son équipage, et cela pour ménager les recours de son armateur et le sien propre contre les assureurs, recours qu'il perdrait en conséquence de cette clause insidieuse, s'il n'avait que des avaries à demander. Ces oppositions ne sont pas sérieuses ; en effet, la clause franc d'avaries n'a rien de contraire aux lois et à l'équité ; car, si les assureurs ne sont point forcés d'assurer, à plus forte raison ne peuvent-ils être obligés de garantir plus de risques qu'ils n'en veulent courir. D'un autre côté, la clause franc d'avaries ne peut nullement engager le capitaine à abandonner son navire, parce qu'elle ne relève ni le capitaine de la responsabilité de ses fautes, même légères, que lui impose l'art. 221, ni le propriétaire du navire de la garantie des faits du capitaine, dont l'art. 216 le rend civilement responsable.

Il pourrait sembler étrange que l'art. 409 assure, d'une part, les effets de la clause franc d'avaries, et que d'autre part il autorise l'exercice de l'action en avarie, dans le cas où il y a lieu au délaissement. Cette disposition s'explique bien cependant ; en effet, dit Locré, cette clause n'a d'autre but que de décharger l'assureur des dommages qui ne sont pas une perte totale. Dès-lors, on ne déroge pas à la convention quand on ne le soumet à aucune responsabilité, hors ce cas. Que, s'il y a ouverture ou délaissement, l'assureur n'a pas à se plaindre de ce qu'on permet à l'assuré de lui demander moins qu'il n'est dû, c'est-à-dire les avaries au lieu de la somme assurée. L'assuré, au contraire, peut avoir intérêt de conserver ce qui reste des effets, afin de faire, du moins en partie, son expédition

Dans le cas d'une assurance faite sur facultés avec franchise d'avarie, de 6 pour 100, par exemple, si une partie de la cargaison avait déjà été déchargée au moment du sinistre, l'assureur ne serait tenu de cette avarie qu'autant qu'elle excèderait 6 pour 100 de la valeur totale du chargement assuré ; de sorte que si, sans arriver à ce taux, l'avarie excédait seulement 6 pour 100 de la valeur de la partie du chargement qui était encore sur le navire lors du sinistre, l'assuré n'aurait rien à réclamer de l'assureur.

Lorsque l'assurance ayant pour objet des liquides, l'assureur a stipulé le clause *franc de coulage*, il n'est dû aucune indemnité à raison du coulage, même occasionné par fortune de mer, à moins cependant que le coulage ne résulte d'un sinistre majeur donnant ouverture au délaissement.

Par franchises proprement dites, on entend les réductions que l'assureur peut opérer sur le montant de l'assurance, dans certains voyages et pour certaines marchandises, d'après les clauses insérées dans la police. L'usage seul règle ces franchises qui peuvent varier à l'infini, suivant la volonté des parties. Aussi nous contenterons-nous de les signaler sans entrer dans des détails que ne nous permet pas le cercle restreint de notre sujet.

QUESTIONS.

I. La clause franc d'avarie affranchit-elle les assureurs des grosses avaries ? — Non.

II. Dans le cas d'une clause franc de coulage, les indemnités sont-elles dues quand le coulage résulte d'un sinistre majeur donnant ouverture au délaissement ? — Non.

Droit Administratif.

***

Sous quel rapport les conventions privées tombent-elles dans le domaine de l'autorité judiciaire.

La véritable portée de cette question n'est pas facile à saisir. On ne voit pas de prime-abord comment cette question en apparence toute judiciaire se rattache au Droit administratif. Aussi avons-nous cru à une faute de rédaction, à une substitution involontaire du mot judiciaire au mot administratif. Il n'en est rien cependant; en effet, après un examen sérieux de la question, et en s'attachant plutôt à son esprit qu'au sens grammatical de ses termes, on s'aperçoit que, loin d'être étrangère au Droit administratif, elle a avec lui de nombreuses connexions. — En effet, ce n'est pas des conventions privées ordinaires qui sont du ressort naturel de la compétence judiciaire dont il s'agit ici, mais de celles dans lesquelles, suivant la judicieuse distinction de M. Chanveau (Principes de compétence), les principes ont besoin de lutter contre une certaine ressemblance administrative résultant d'un intérêt quasi public et de la qualité des personnes.

Envisagée sous ce point de vue, la question devient, on le voit, quasi-administrative ; notre travail, en effet, consistera à étudier les

conventions privées d'une nature quasi-administrative , à saisir les légères nuances qui les distinguent, et à fixer les limites qui les séparent de
la compétence administrative.

Par conventions privées on entend celles qui interviennent entre particuliers, ou entre particuliers et personnes morales, et qui règlent un
droit privé sans aucun mélange d'intérêt public.

Pour plus de clarté nous étudierons séparément les différentes conventions privées que nous rangerons dans cinq chapitres :

I. — Des conventions privées concernant le domaine de l'Etat.

II. Des conventions privées des départements, des communes et des
établissements publics.

III. — Des conventions privées, des agents de l'administration.

IV. — Des conventions privées relatives aux travaux publics, aux
marchés et fournitures concernant l'Etat.

V. — Des conventions privées entre simples particuliers.

I. - *Des conventions privées concernant le domaine de l'Etat.*

Les biens qui composent le domaine de l'Etat peuvent être l'objet de
nombreuses conventions, comme ventes, baux, échanges , partages.
Mais ces conventions, quoique paraissant provenir d'un fait de l'administration , ne sont cependant que des conventions privées, dont l'appréciation appartient à l'autorité judiciaire.

En effet, il est admis par la doctrine et la jurisprudence que les tribunaux judiciaires sont seuls compétents pour expliquer, interpréter et
appliquer les conventions privées de personnes morales. D'ailleurs, l'administration, comme l'a si bien dit un de nos publicistes, ne joue,
en les recevant, qu'un rôle passif, et ne remplit que l'office de notaire;
et comme chacun sait que c'est la matière et non la forme qui détermine la compétence, ces actes, qui ne sont que des conventions privées
entre personnes morales et particuliers, ne peuvent, parce qu'ils sont
reçus par des agents de l'administration, revêtir le caractère du contentieux administratif.

L'autorité judiciaire est donc compétente pour juger les contestations relatives à la validité, au prix, à l'étendue et aux effets des adjudications de coupes de bois domaniaux.

Elle est compétente pour statuer sur les demandes eu partage entre particuliers et personnes morales, et sur les contestations qui se rattachent à l'exécution ou à l'interprétation des partages. Sa compétence s'étend aussi aux baux des biens de l'Etat et des biens nationaux. Une difficulté s'est élevée cependant à l'égard de ces derniers, mais à tort, pensons-nous. En effet, c'est sans fondement que l'on a argué de la qualification d'actes administratifs que l'on a donné à ces baux pour les soustraire à l'autorité judiciaire. Erreur qui provient d'une confusion entre l'Etat simple personne morale et l'Etat unité nationale.

De même, enfin, que les contestations relatives au domaine privé de l'Etat sont de la compétence de l'autorité judiciaire, de même celles qui concernent les revenus du domaine public national le sont aussi.

Ainsi ce sont les tribunaux civils qui statuent sur les difficultés que font naître les droits de pêche dans les fleuves et les rivières navigables ou flottables, les droits de péage sur les ponts et les bacs.

II. — *Des conventions privées des départements, des communes et des établissements publics.*

Nous avons déjà dit que c'est la matière et non la forme qui détermine la compétence ; aussi peu importe que les conventions concernant les biens des départements et des communes soient reçues par des agents de l'administration et soient même soumises dans certains cas à l'homologation de l'autorité supérieure ; ces mesures n'étant pour ces personnes morales que des garanties d'une meilleure gestion, ne peuvent faire qu'une convention privée devienne un acte administratif.

Mais, nous dira-t-on, les départements, les communes et les établissements publics, forment-ils des personnes morales privées? Nous le pensons, car l'Etat seul est une personne publique représentant l'intérêt général. Aussi les tribunaux judiciaires sont-ils seuls compétents pour

statuer sur les contestations qui concernent les adjudications, marchés
et fournitures qui ont lieu entre ces personnes morales et les particuliers.

III. — *Des conventions privées des agents de l'administration*

Les dettes contractées pour le compte de l'Etat par les agents de l'administration, sont réputées dettes de l'Etat, et soumises au contrôle et à
la juridiction administrative. Mais peut-il en être de même des dettes per-
sonnelles à ces agents? Evidemment non. En effet, dans le premier cas,
ils sont de véritables mandataires de l'Etat, à la condition toutefois qu'ils
ne dépassent pas les limites de leur mandat; dans le second, au
contraire, l'Etat disparaît, il n'y a plus ni mandant, ni mandataire, et
les dettes qu'ils contractent sont de simples dettes privées, dont la liqui-
dation sera poursuivie devant les tribunaux civils.

IV. — *Conventions privées relatives aux travaux publics, et aux marchés et fournitures de l'Etat.*

Quant aux contestations qui s'élèvent au sujet des travaux publics,
marchés et fournitures de l'Etat, une distinction est nécessaire pour leur
assigner une juridiction de qui elles puissent ressortir; ces contestations
s'élèvent-elles entre les adjudicataires ou fournisseurs principaux, et les
tiers sous-traitants, leur appéciation est portée devant les tribunaux
civils.

En effet, l'adjudication n'est un acte administratif que par rapport à
l'Etat, qui dans ce cas est nullement en cause; mais les contestations
s'élèvent-elles au contraire entre l'administration et les adjudicataires, leur
appréciation appartient de droit à l'autorité administrative, qui est seule
compétente.

Nous devons ajouter, que si l'Etat a accepté un cessionnaire à la place
de l'adjudicataire ou du fournisseur principal, alors même qu'il a conservé la garantie de ce dernier, le cessionnaire sera considéré comme
ayant traité directement avec l'Etat, et soumis à la juridiction administrative.

V. — *Des conventions privées entre simples particuliers.*

De simples conventions privées entre simples particuliers pour des objets qui ne concernent nullement une personne morale ou une matière administrative, paraissent susceptibles de revêtir le caractère du contentieux administratif, mais cette apparence ne peut changer la nature de la convention et la soustraire à la compétence judiciaire.

A titre d'exemple, nous citerons 1° les comptes entre divers acquéreurs de biens nationaux.

2o Les discussions entre les divers actionnaires de théâtre, de journaux ou de compagnies d'assurances anonymes, et entre le directeur d'un théâtre et les acteurs.

3o Les débats entre les propriétaires d'une mine et les propriétaires de la surface, pour le paiement de la redevance qui est due à ces derniers.

QUESTIONS.

S'ensuit-il de ce qu'une convention est reçue par des agents de l'administration qu'elle forme un acte administratif ? — Non.

II. A qui appartiennent les discussions sur la validité de l'interprétation de l'exécution des baux des biens composant le domaine de l'Etat? — Aux tribunaux civils.

III. Les contestations qui s'élèvent au sujet des travaux publics, marchés et fournitures concernant l'Etat, entre les adjudicataires et les tiers sous-traitants d'une part, et l'administration et les adjudicataires de l'autre, sont-elles portées devant les mêmes tribunaux ? — Non.

Cette Thèse sera soutenue, en séance publique, dans une des salles de la Faculté, le 10 août 1859.

Vu par le Président de la Thèse,

DEMANTE.